DE AQUÍ Y DE ALLÁ

THE TWINS

BY IRMA HEIDI ORTIZ TORRES

ILLUSTRATIONS BY
CAMILO BAUTISTA MALDONADO

DE AQUÍ Y DE ALLÁ
THE TWINS
HAPPY BIRTH DAY
HAPPY B DAY
HAPPY BIRTHDAY
JULIAN & ANA MARIE

ISBN: 979-8-9893224-1-1

Illustrations by: Camilo Bautista Maldonado

First printing edition 2020

TwinTown Books
Twintownbookspr@gmail.com
(407)330-8943

Este no era un sábado cualquiera en el mes de noviembre. ¡Ana Marie y Julián cumplían cuatro años!

It was a Saturday like no other in the month of November. Ana Marie and Julian were turning four years old!

Había pandemia y no podían invitar a sus amigos a casa a celebrar. Mamá y papá les habían explicado que por causa del Coronavirus no podían hacer fiesta. Ana Marie y Julián no se preocuparon porque mamá les había prometido dos sorpresas.

Due to the Pandemic they could not invite friends over to celebrate. Mom and Dad explained to them that due to the Coronavirus they could not have a party. Ana Marie and Julián did not worry because Mom promised them two surprises.

2

¡La primera sorpresa fue una parada
de autos de sus amigos de la escuela!
Allí estaban su maestra y los
compañeritos de clase y sus papás.
Fue una emoción verlos en persona y
no a través de la pantalla de la
computadora como todos los días
en clase.
Este año no pudieron regresar a
su escuela a causa del COVID-19.

!The first surprise was a parade of
cars in front of their school friends!
There was their teacher and classmates
with their parents. Julián and Ana
Marie were excited to see them in
person and not like every day
through the monitor in the computer.
They had not been able to go to school
this year due to the COVID-19.

HAPPY BIRTHDAY JULIAN & ANA MARIE
HAPPY BIRTH DAY
HAPPY B DAY

La segunda sorpresa fue
una fiesta virtual con sus
primitos y amigos que viven
lejos.

The second surprise was a
virtual party with their cousins
and friends who live far away.

A P P Y B I
REC

Ana Marie y Julián tienen muchos amigos en diferentes partes del mundo, que los felicitan en su cumpleaños!

Ana Marie and Julian have many friends in different parts of the world, who congratulate them on their birthday

Alaska
Happy Birthday!
Jamie
Nora

England
Congrat
Julian Y A
Alex
Ellie

...ulations
...Ana Marie!
Christie
California
CALIFORNIA REPUBLIC

HAUʻOLI LĀ HĀNAU
(HAPPY BIRTHDAY)
Brooke
Kylee
Mailah

Hawaii
Braxton
Ava
Chloe

Florida
FELICIDADES!
Adrián

QUE LOS CUMPLAN FELIZ
Nicolás Levi
Jacob René

New Jersey
John
Christian
Jillia
Sabrina
Jackson
Jason
Adriana
Christopher

an
Kyle
Isabella
Chase
Abuelita
Titi
Chiqui
Ryan
Matthew

Pennsylvania
FELIZ...
Christian

...CUMPLE AÑOS!
Anayah
Joshua
Puerto Rico

Cumpleaños feliz
Te deseamos a ti
Que los cumplan, que los cumplan
Que los cumplan feliz
Feliz, feliz en su día
Amiguitos que Dios los bendiga
Que reine la paz en su día
Y que cumplan muchos más
Se están poniendo viejos
Con cara de cangrejos
Y patas de avestruz, truz, truz
Se parecen a los abuelos

CHASS CHASS
BAM
BAM
Valentina
Sebastián

FELICIDADES!
Diego
Fabián
Arantza

Ay qué noche tan preciosa
es la noche de tu día
todos llenos de alegría
en esta fecha natal
Tus más íntimos amigos
esta noche te acompañan,
te saludan y desean
un mundo de felicidad
Yo por mi parte deseo,
lleno de luz este día
todo lleno de alegría,
en esta fecha natal,
y que esta luna plateada,
brille su luz para ti,
y ruego a Dios por que pases,
un cumpleaños feliz
Cumpleaños feliz, te deseamos a ti,
cumpleaños, Julián y Ana Marie,
cumpleaños feliz.

¡Hasta Tata y Papapa desde la playa de Cerro Gordo!

Even Tata and Papapa from Cerro Gordo beach!

¡QUE DIOS LOS BENDIGA!

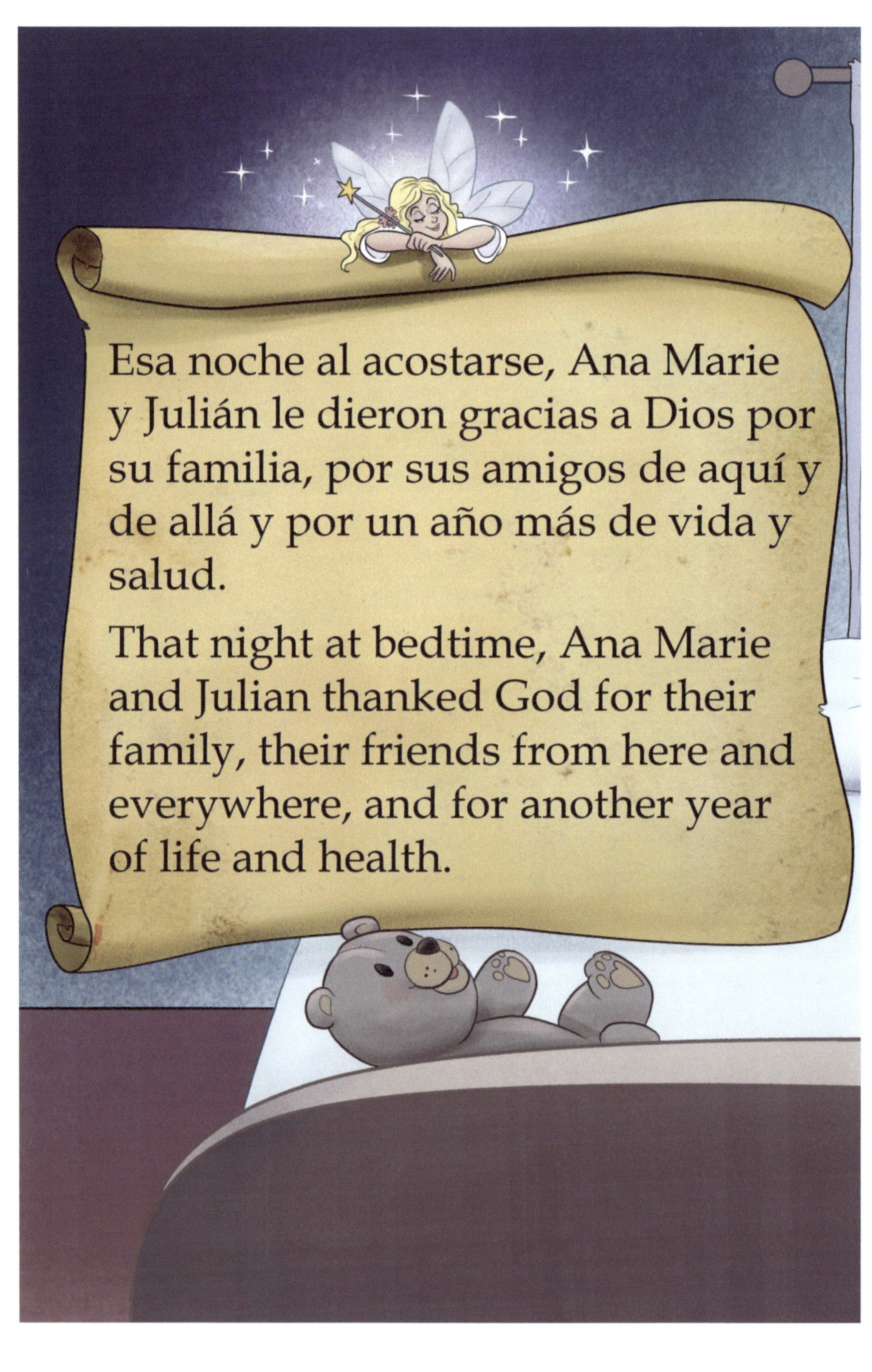

Esa noche al acostarse, Ana Marie y Julián le dieron gracias a Dios por su familia, por sus amigos de aquí y de allá y por un año más de vida y salud.

That night at bedtime, Ana Marie and Julian thanked God for their family, their friends from here and everywhere, and for another year of life and health.

Irma Heidi Ortiz Torres, a Puerto Rican educator, started writing children's books in the middle of the *2020* Pandemic. Inspired by her twin grandkids, Julián and Ana Marie, she writes bilingual books for young readers about topics such as cultural identity, family values, and early intervention for children developmentally challenged and with ASD.

De aquí y de allá: The Twins

Is a testament to focusing on the good around us in the face of adversity. Julián and Ana Marie, the beloved twins, turned four years old at the peak of the COVID-*19* Pandemic.

The illusion of having a birthday party never vanished because their mom promised them two surprises despite social distance guidelines.

The book's colorful illustrations are conversation starters about places in the world, flags, and there are no barriers when you want to connect with family and share the love.

Other books by the author: